Lk⁷ 622

UN JARDIN

AUX

GRANGES D'AUXONNE,

PAR CLAUDE PICHARD,

ANCIEN MAIRE.

AUXONNE

TYPOGRAPHIE A. DELEUZE.

1862.

MON JARDIN

SOUVENIR SEXAGÉNAIRE POUR MA FAMILLE, POUR MES AMIS

> J'y meitton queique chose qui pique,
> Ein grain sei, por iqui, por ilai ;
> Vo saivé que le prôvarbe antique
> Palan de no, di : Borguignon salai.
>
> Les Noëls de la Monnoye.

Oh! ne croyez pas que ce soit une de ces somptuosités princières, un de ces jardins grandioses plantés par la Quintinie ou par Le Nôtre? Non : c'est un tout petit coin, un modeste triangle ne renfermant que 22 ares.

Mais on y est si bien à soi-même; l'esprit y est si tranquille, se reposant des affaires, oubliant l'ingratitude, les méchancetés, les mesquines passions humaines, s'abandonnant à la contemplation en pensant aux œuvres sublimes de la nature!

La nature, cette création infinie, cet ensemble plein de charme, que Dieu a semé dans des espaces sans limites où roulent des millions de mondes et de soleils, la nature remplie de tant de merveilles, depuis le chêne jusqu'à la mousse, depuis l'éléphant jusqu'au ciron! suprême puissance qui anime tous les êtres de son souffle, et, par des combinaisons incompréhensibles et innombrables, leur donne la vie, l'instinct, l'intelligence. C'est elle qui a allumé ces astres brillants qui nous ramènent les nuits et les jours, qui a lancé dans le vide ces comètes rapides qui se croisent par milliers dans l'abîme des cieux; c'est elle qui a donné aux poissons des rames, aux oiseaux des voiles de plumes pour voyager dans les airs, à mille animaux divers des armes offensives et défensives : des dards, des épées, des scies et des cornes, des toisons, des fourrures, des cuirasses et des écailles : c'est elle enfin qui a doué l'homme de la raison, cette balance du bien et du mal, ce sentiment moral qui nous indique ce qui est juste et ce qui est injuste.

Oh, quelle sagesse profonde! comme tout cela est admirable! combien ne devons-nous pas bénir cette inépuisable Providence qui pourvoit à tous nos besoins, qui nous fait jouir de tous ces chefs-d'œuvre qu'un être immensément bon, immensément puissant, qu'un Dieu seul a pu tirer du chaos, du néant!

Revenons à mon jardin.

Créé en 1845, il a été traité en enfant gâté; aussi, voyez comme les arbres ont poussé à l'envi les uns des autres. C'est une petite forêt où tous les oiseaux du voisinage se sont donné rendez-vous.

Il y a trois portes : la porte d'Auxonne, rappelant l'amour du pays; celle de Labergement et celle des Granges. Disons trois mots à ce sujet :

L'amour du pays, noble sentiment comprenant les traditions, les affections, les espérances, qui se rattachent au sol natal, à la famille, nom qui résonne délicieusement au cœur, qui fait tressaillir au souvenir de nos parents, de tout ce qui nous est cher. C'est l'amour du pays qui conduit l'absent à la tristesse, à ce désir ardent de revoir les lieux qui nous ont vu naître. Le Suisse désertera pour entendre *le ranz des vaches;* l'écossais se hâtera de regagner ses montagnes pour entendre son instrument favori *le pibrock*.

Labergement, qualifié de ville dans un acte de 1251. Qui sait ce qu'était ce village jadis à la bifurcation de la voie romaine menant à Besançon et à Pontailler; et c'était une voie principale. Demandez à l'un de nos notables habitants, M. Garnier, aujourd'hui le doyen d'âge et d'exercice des notaires de France (titre et lustre vénérable que je consigne pour l'honneur de la localité). Il vous montrera la borne milliaire impériale qui est déposée dans sa paisible villa de la Feuillée, borne trouvée entre Labergement et Auxonne.

Une anecdote encore à propos de Labergement : Un maire estimable de cette commune, M. Marchet, était très lié avec l'instituteur de Villers-Rotin, M. Brochet. Ils avaient fait le voyage de Dijon et étaient allé au spectacle ; mais ils se perdirent : l'un se trouvait au parterre, l'autre au paradis. Au milieu d'une scène écoutée en silence, une interrogation part du haut de la salle « : Eh ! « Messieurs, vous n'auriez pas vu mon compère « Marchet ? » — « Me voici, compère Brochet, » répond une voix du parterre. Explosion de rires, trépignements, bravos ! *bis !* *bis !*.... les plus contents néanmoins étaient les deux compères : ils s'étaient retrouvés.

Les Granges, ce vaste territoire qui nous entoure, autrefois couvert de marécages où l'on chassait le gibier d'eau il n'y a pas soixante ans, actuellement rendu l'un des plus fertiles par le travail et l'intelligence de nos jardiniers. C'est le quartier général des oignons, des choux, des carottes, des petits pois, des salades, des asperges, des melons. Il paraît toutefois que ces derniers seront incessamment détrônés par leurs cousins-germains les cornichons : *sic transit gloria mundi*. Hélas! on est souvent trahi par les siens et partout se glisse l'éternel proverbe : « Ote-toi de là que je m'y « mette. »

Revenons donc à mon jardin.

A l'angle nord s'élève le belvédère des vignes vierges et des clématites. J'ignore quelle main perfide a barbouillé ceci sur l'un des poteaux qui soutiennent les ceps : « Une carte de visite est souvent le souvenir d'une personne enchantée de ne vous avoir pas rencontré. » On y lisait encore ces deux étrangetés : « Les deux plus beaux jours de la vie sont celui où l'on se marie et celui où... » puis, « le mariage, après la lune de miel, est une..... (vous saurez remplir les blancs.) J'ai laissé subsister deux citations persanes que les dames prétendent être d'un miel un peu acidulé.

Au pied de ce belvédère, git un vase massif en pierre, qui a appartenu au couvent des Capucins d'Auxonne et qui est parfaitement conservé malgré son âge. On lit sur l'un des côtés : Estienne. c... marchant. a. Auxonne. mort. l'année. 1548.

Nous entrons par l'avenue des amis, ouverte à tous, *patet amicis*, ce qu'un gourmand a traduit ainsi : « Un pâté pour les amis. » Elle touche au berceau de la famille ; c'est la salle à manger où, à l'ombre des tilleuls, renaît de temps en temps le joyeux pique-nique, si fêté par nos pères; et croyez qu'ils y passaient des moments agréables ! J'aime cette vieille habitude et celle qu'ils avaient de recueillir des espèces d'archives intimes. Qu'il me soit permis à cet égard d'extraire ce narré de 1610 joint à ma généalogie maternelle : « Et après les cérémonies et repas du mariage de nostre bien-aimée fille Hyacinthe Boillaud, unie à messire Jean de la Croix, seigneur de Villars-les-Pots, fut résolu en outre un picque-nicque auquel ont assisté mes très chers frères et sœurs, les huict vivantz, par la grâce de Dieu, et touts les enfantz, grandz et petits parantz, sy bien que la chambre à tapisserie estoit ramplie de plus de soixante, et on s'estoit convenu pour chacque ménage, comme d'ordinaire du picque-nicque, d'apporter son plat et vin, tellement qu'il y avoit toutes sortes de choses et à poinct, pour manger et boire, et il y eust force razades et ample gaîté, pour ce que personne ne s'y espargnoit. »

Notre époque de luxe a banni à peu près le pique-nique. Tant pis ! car le pique-nique resserrait les liens de parenté et d'amitié, et entretenait cette franche et bonne joie, véritable baume de santé.

A côté de la salle à manger est mon modeste hermitage, humble maisonnette de 2 mètres sur 2 mètres, qui est tout ce que la munificence ministérielle a pu me concéder, d'après la stricte exigence des règlements militaires ; mais la nécessité rend ingénieux et on y a ménagé trois placards et un grenier. Bref, tout a trouvé sa place : quelques livres et des ustensiles de ménage et de jardinage, et (je vous le dis à l'oreille) trois ou quatre boîtes de cartes bourguignonnes et normandes ornées de devinettes, de bons mots et de fines historiettes dont vous apprécierez la valeur.

Vous pourrez d'ailleurs, sans sortir de ma chambrette, jouir d'une riante collection de carricatures du *Charivari* qui sert de décoration ; puis vous y lirez ces sages sentences :

Le bien public doit être
la première, la principale loi.

Les richesses et le monde périssent ;
les bonnes actions demeurent.

On perd plus de temps à remettre
qu'on en mettrait à exécuter.

Les gens qui n'ont jamais le temps de rien faire
Ne savent rien faire du tout.

Sortons, et voyons ce qui est à l'extérieur :

Fais ce que dois, advienne que pourra !

※

Les plantes semblent avoir été semées
avec profusion sur la terre,
comme les étoiles dans le ciel,
pour inviter l'homme,
par l'attrait de la curiosité et du plaisir,
à l'étude de la nature.

Derrière ma maisonnette s'étage un treillage de rosiers. Regardez ces deux têtes de vierge et d'ange qui sourient parmi les roses, l'une en disant : « Mes enfants, soyez sages. » L'autre : « Bon-« jour ; portez-vous bien. »

Au-dessus l'inscription latine : *Beatus ille qui procul negotiis.....* si bien traduite par ces vers de Delille :

Heureux qui, dans le sein de ses dieux domestiques,
Se dérobe au fracas des tempêtes publiques
Et, dans un doux abri trompant tous les regards,
Cultive ses jardins, les vertus et les arts.

Nous sommes à l'entrée de l'allée Napoléon, ainsi appelée parce que de là on aperçoit au troisième étage de nos anciennes casernes les fenêtres du logement qu'occupait le lieutenant d'artillerie Bonaparte, quand il était en garnison à Auxonne.

Que de souvenirs ne remuent-ils pas le cœur en songeant aux destinées extraordinaires de l'homme qui régna si glorieusement sur la France et ébranla le monde!

A droite de cette allée, saluez le grenadier qui veille sur le jardin; inclinez-vous devant la consigne tracée sur son bonnet : « La garde meurt et ne se rend pas! » (Traduction du juron singulièrement énergique du général Cambronne.)

A gauche, découvrez-vous devant saint Augustin, et pénétrons-nous de ce qui est écrit sur son livre :

Heureux qui peut rendre à son père et à sa mère les caresses, les soins qu'il en a reçus dans son enfance!

L'homme sage ne connaît que la justice;
les petites âmes ne connaissent que le gain.

Derrière saint Augustin, ce vieux corps d'arbre, resté debout, était le noyau du belvédère original ramené du premier jardin que je possédais là où s'avance présentement la triste demi-lune qui défend les approches de la porte du Jura. Baptisé du nom de Tour-Verte et étalant gracieusement ses girondoles de houblon, il a resplendi d'une illumination brillante lors de la soirée qui a fait époque à Auxonne, que j'ai donnée le 26 juin 1844 sous mes magnifiques charmilles, et où se pressaient avec mes amis et mes nombreux invités, parmi lesquels tous les officiers de la garnison, une foule de jolies danseuses aux fraîches et ravissantes toilettes, animés par la musique d'un orchestre délicieux.

Nous passons sous les jeux de boucle et de crochet. Mentionnons ce qu'on lit sur les supports :

Fais le bien et tu ne redouteras personne.

Le travail fait connaître la valeur de l'homme, comme le feu développe le parfum de l'encens.

Recueillons, relativement au travail, ce qu'écrit Alexandre Dumas :

« Il y a autre chose dans la vie que le plaisir, que l'amour, que la chasse, que la danse, que les folles aspirations de la jeunesse : il y a le travail. Apprendre à travailler, c'est apprendre à être heureux.

« C'est l'ami qui console, qu'on a sans cesse près de soi, accourant au premier soupir, versant le baume à la première larme.

« O cher travail, qui as emporté dans tes bras puissants l'ennui, ce lourd fardeau de l'humanité! Divinité toujours souriante, à la main toujours ouverte! O ami précieux qui ne m'a jamais donné de déception, travail, je te remercie. »

Ne nous refusons cependant pas quelque distraction ; c'est ce que vous conseille la version suivante, en langue tonquinoise :

I L F	R A N
A	D S E N
U T B I	F A N
E N Q	T S S A
U E L	M U S
E S G	E N T .

Un peu plus loin, tirons notre révérence à mademoiselle Céleste Mogador, l'une des reines de l'Opéra, qui prétend que le bal masqué est une société anonyme fondée par les femmes pour exploiter les hommes. Vis-à-vis est l'arbre de Hugues, sorti de terre le jour de la naissance de mon petit neveu (10 août 1850).

La civilisation qui marche à pas de géant (comme le chante la métaphore,) ne permet point qu'on oublie les choses utiles, à plus forte raison les indispensables. Voici donc *l'établissement pour le soulagement des souffrances,* autrement *le cabinet des odeurs et des grimaces.* Je suis trop discret pour rapporter les diverses recommandations soupirées en ce lieu, à la suite d'impressions plus ou moins coulantes. Je ne relaterai que cet apophtegme :

Oui, c'est ici qu'est le plus grand plaisir;
On quitte tout pour y venir.

Laissons les odeurs trop parfumées et portons-nous vers l'escarpolette. La poutre transversale vous présente ces deux inscriptions :

La première moitié de la vie se passe à désirer la seconde; la seconde à regretter la première.

※

Si l'on dit du mal de toi, et qu'il soit véritable,
corriges-toi ;
Si ce sont des mensonges, ris-en.

Le mensonge, l'imposture, la calomnie, mots hideux nés de la jalousie, de l'impuissance, de la haine. Une dispute s'était élevée aux enfers sur les préséances; les juges accordèrent le pas au calomniateur sur le serpent et sur les autres animaux malfaisants. « Mentez, calomniez, disent Basile et compagnie, il en reste toujours quelque chose; c'est un charbon qui salit, s'il ne brûle pas. » Comme il parle ce Basile, dans la charmante comédie du barbier de Séville : « La calomnie ! vous ne savez guères ce que vous dédaignez : les plus honnêtes gens en sont victimes. Il n'y a pas d'horreurs, pas de conte absurde qu'on ne fasse adopter par le public. D'abord un bruit léger, rasant le sol, *pianissimo*, sème le trait empoisonné. Telle bouche le recueille et *piano* le glisse à l'oreille, puis le mal germe, rampe, chemine et grandit à vue d'œil. La calomnie se dresse, siffle, s'enfle, tourbillonne, entraîne, éclate, tonne et devient un cri général, un chorus de proscription! Qui diable y résisterait? »

Et ce n'est que trop réel! le mal trouve plus d'accès que le bien, le mensonge et l'erreur plus de crédit que la vérité.

Pourquoi donc rencontre-t-on dans le monde tant de fausseté?

Pourquoi se plaît-on à dénigrer son prochain et même ses amis les plus intimes?

Pourquoi donc existe-t-il tant d'envie?

Hélas! cela prouve que le genre humain est loin de la perfection. Le fameux cardinal de Richelieu le connaissait parfaitement. Quand la calomnie s'acharnait contre un homme: « je veux le voir, « répliquait-il, il faut que je l'emploie, car il doit « avoir bien du mérite, puisqu'on se déchaîne « ainsi contre lui. »

Nous sommes arrivés à l'angle sud-est, sur le tertre du point du jour, au quinconce de peupliers plantés en 1846 et dans les feuillages desquels se dresse un nouveau belvédère, dont la construction pittoresque attire les regards des promeneurs. Asseyons-nous au sommet et parcourons le paysage.

Au nord, la forêt des Crochères, riche patrimoine d'environ 1360 hectares, dont nous devons la conservation de la propriété à notre illustre compatriote Denis Marin ; puis le polygone destiné à l'école d'artillerie qui nous a été rendue à tant de titres et si bien inaugurée dans nos murs par le 15me de l'arme. Au levant, la dernière chaîne du Jura où l'on aperçoit, dorés par le soleil, les vignobles de Montmirey, Menotey, Rainans, Sampans, etc., puis Montroland, l'apport religieux de l'arrondissement de Dole couronné par une nouvelle église édifiée par les jésuites.

Sur le plateau inférieur, la culture la plus variée, traversée par la belle route de la Franche-Comté. Au déclin de cette route, près des Granges hautes, est assis le pont de la Margande, jadis si redouté en raison des arrestations qui s'y commettaient. Là s'exerçait aussi la contrebande qui a enrichi un grand nombre de familles auxonnaises. C'était la margande ou contrebande du sel, lequel coûtait 62 livres le quintal en Bourgogne, tandis qu'on ne le payait que 15 livres en Franche-Comté.

A nos pieds la rue Boileau, ainsi appelée d'une ferme qui appartenait à mes ancêtres dont le nom s'est éteint à Auxonne dans la personne de mon aïeule maternelle. C'est dans cette rue qu'habitait, vers 1680, Claude Gaudin qui, le premier dans nos parages, planta des asperges et en répandit la culture, d'où lui advint le surnom de *Claude Asperge;* de même qu'on avait surnommé *Jean Melon* un autre cultivateur intelligent, Jean Didier de la rue Tabour qui, en 1654, jouissait déjà d'une certaine réputation pour ses produits de melons inconnus avant lui sur notre territoire.

A droite, regardez le vieux chemin ou l'ancienne route de Dôle, au bord de laquelle existait, au pâquier de la Maladière, l'hôpital des lépreux ou la maladrerie, avec une chapelle dédiée à Sainte-Anne, détruite en 1635, lors de l'approche de l'ennemi.

Au midi, le canal de dérivation, les sinuosités capricieuses de la Saône et ses rives semées de villages, ses rives autrefois *le rio et l'empi,* comme le criaient les mariniers aux conducteurs de chevaux remorquant leurs bateaux, c'est-à-dire *tirez au rio* (le royaume de France) du côté droit de la descente, et *à l'empi* (l'empire d'Espagne) du côté gauche.

Au couchant, Auxonne ferme le rideau et offre un front imposant de fortifications. C'est le bastion du Moineau, le bastion de Kell ou de Notre-Dame, le bastion de Nevers ou de la porte du comté. Si nous remontons à 1814, c'est de ce dernier bastion que tonnait la vieille pièce de 24, baptisée *la Gro-*

gnarde, dont les boulets allaient jeter le désordre chez les Autrichiens jusqu'aux abords de Villers-Rotin.

A travers les arbres des remparts se dessinent les bâtiments de notre bel hôpital. En parlant de ce charitable asile ouvert aux pauvres, n'oublions pas de protester contre la réputation d'insalubrité dont on frappait Auxonne. Sans doute notre ville a payé anciennement son tribut aux maladies, comme tous les pays dont le territoire n'était pas assaini; mais depuis longtemps la santé publique s'y maintient dans les meilleures conditions. Lorsque le choléra éclatait aux environs, je répondais à M. le Préfet de la Côte-d'Or que les miasmes délétères ne s'implanteraient pas à Auxonne, et je m'appuyais à cet égard tant sur la perméabilité de notre sol sablonneux que sur ce que ces miasmes seraient balayés et entraînés par les deux vents presque toujours régnants du nord et du midi, et par le courant d'air de la Saône coulant dans la même direction. Le fléau n'a en effet sévi que sur quelques individus fugitifs de Pontailler et de Gray, déjà atteints du mal. Bref, et les hommes de la science l'affirmeront, notre position salubre est telle qu'on envoie guérir chez nous hommes et chevaux des garnisons de Dijon, de Besançon et de Gray.

Au delà des fortifications l'Eglise apparaît dans sa majesté. La flèche élégante de son clocher s'élance dans les airs et fait l'admiration des étrangers. L'ange placé au sommet de la tour romane montre le ciel et prie pour que les hommes abjurent leurs funestes divisions.

Regagnons la terre où nous retrouvons, hélas ! nos faiblesses et nos vices ! Aussi, dans un moment de misanthropie, a-t-on écrit ceci sur une colonne : *Vivre caché, c'est vivre heureux;* mais le diable aime mêler la légèreté au sérieux, et, à côté, il a faufilé en langue huronne deux malices dont vous essaierez la traduction, puis une troisième analogue à l'orgueil satanique qui l'a perdu :

I. N. F. P. P. P. H. Q. L. C.

Quoi qu'il en soit, ce coin de mon jardin, égayé par une treille de raisins de juillet, me plaît particulièrement Vous y verrez donc cette inspiration : *Ille mihi terrarum præter omnes angulus ridet.*

Nous débouchons dans l'allée des dames, salle de jeu et de danse, ombragée par des noisetiers. Les quilles sont là qui vous attendent. A l'entrée, ce singe en pierre qui compte plus de 500 ans, est une des douze statues qui, avant 1793, surmontaient les contreforts de notre église. Elle représente Judas ayant au cou la bourse renfermant le prix de sa trahison envers le Seigneur. Confondue avec de vieux matériaux, on allait la casser pour en jeter les débris sur la route, lorsque le hasard me fit arriver pour la sauver.

Auprès, vous remarquerez la plante à huîtres avec ce dicton que vous interpréterez à votre guise : *Toutes les huîtres ne sont pas dans la mer.* S'il y a malice, elle est punie par cette sentence indienne :

OND	UGETO
EVRA	UTESL
ITPER	ESM
CERD	AUVA
UNF	ISESL
ERRO	ANGUES.

A gauche de l'allée des dames est mon bois. Vous riez? un bois long de 25 mètres sur 5 de large! Certainement, vous ne vous y égarerez pas, malgré le touffu du feuillage. Le sentier qui le sillonne conduit à l'angle sud-ouest, *au belvédère de la conversation.*

La conversation qui est définie : Tout ce qui se dit et qu'on ne dit pas; tout ce qu'on sait et qu'on ignore; les bruits, les rumeurs, les craintes, les aspirations du monde; beaucoup de médisance et de calomnie; un peu de justice rendue malgré soi au mérite; la flatterie pour ceux qui vous écoutent: nulle pitié pour les absents! Voilà ce qu'on appelait l'atticisme en Grèce, ce qui se continue à peu près dans chaque pays, le tout avec des formes parfaites, avec une politesse exquise, principalement en France, où on s'étonnerait à tort de ce compliment d'une femme à une autre qu'elle déteste : « Bonjour, ma charmante belle! chaque jour plus « fraîche et plus jolie! quel plaisir de vous voir! « mon Dieu que vous êtes admirablement vêtue! « il n'y a que vous qui ayez cette mise délicieuse. » Pensez que je suis trop prudent pour désigner aucun masque.

Mais abrégeons notre station et descendons au cabinet des souvenirs :

>Le souvenir, présent céleste,
>Ombre des biens que l'on n'a plus,
>Est encore un plaisir qui reste
>Après tous ceux qu'on a perdus.

Là, sous les fleurs de cytise et d'épine rose, et avec la protection de la croix, s'élève une simple colonne de pierres antiques portant cette inscription : « A ma bonne mère, » et au dessous : « je « ne sais rien de plus touchant que des fleurs sur « une tombe; ce qui était l'âme, ce qui s'exhalait « en affections, en consolations, en sympathiques « paroles, en désirs, en regrets, en espérances, « est devenu un suave parfum qui monte au ciel, « le soir, avec le son de la cloche de l'*Angelus*. »

Combien il est cher ce souvenir d'une mère! comme il est harmonieux au cœur ce mot qui résume en lui l'amour le plus épuré, la tendresse la mieux sentie, le dévouement le plus absolu, ce mot qui excite notre attendrissement et dont le charme est si touchant !

A cette mansuétude inépuisable qui a veillé sur notre berceau et endormi nos douleurs, qui a guidé nos premiers pas et soutenu notre enfance, comment ne pas répondre par une entière gratitude, par une pieuse soumission, enfin par cette vertu qui doit être notre premier code moral et religieux ? l'amour filial.

Je me rappelle avec bonheur le discours que je prononçais en 1845 à la distribution des prix, où je cherchais à bercer dans ces sentiments l'âme des élèves de nos écoles. Je me rappelle avec émotion, en traçant ces lignes, qu'un entraînement sympathique gagna l'assistance, et que de douces larmes mouillèrent tous les visages.

J'ai vu ma bonne mère
La nuit dans mon sommeil ;
Son corps reposait dans la bière,
Son âme s'envolait au ciel.
Nous regardant avec un doux sourire,
Sur un ange elle s'appuyait,
Et de sa main nous bénissait ;
Puis elle approcha pour nous dire :
« Mes chers enfants, ne pleurez plus,
« Car votre mère est bien heureuse ;
« Oh ! oui, je suis toute joyeuse

« D'être auprès du bon Dieu, dans le sein des élus,
« En ce lieu de bonheur que je rêvais sur terre,
  « En adressant mon ardente prière
  « Au Créateur ! Ici, tout est amour,
« Tout est délice, extase, en ce divin séjour,
  « Qu'un chœur sacré remplit de mélodie ;
  « Asile saint, magnifique harmonie,
  « Que le Très-Haut nomma le paradis.
« Ainsi, ne pleurez plus, ô mes enfants chéris ?
  « Vous le savez, j'ai, dans ma longue vie,
« Toujours haï le mal, toujours cherché le bien ;
  « Ah ! n'est-ce pas le devoir du chrétien ?
« Dieu m'a donné la mort la plus digne d'envie,
« Sans douleur, sans angoisse, exempte de terreur ;
« Seulement, j'ai senti le froid figer mon cœur,
  « Puis, j'ai passé comme une fleur qui tombe !...
« Mes enfants bien-aimés, qui restez dans ce monde,
« Où règnent l'égoïsme, et la ruse et l'erreur,
  « Conservez-y toujours votre bon cœur ;
« Soyez toujours unis : il est doux de s'aimer ;
« Accueillez la vertu, pratiquez la justice,
  « Et le Seigneur, de son regard propice,
    « Saura toujours vous entourer. »

    Alors, comme une ombre légère,
    Je vis partir ma bonne mère,
Nous bénissant encore, en montant vers le ciel.
Hélas ! c'est cette nuit que, pendant mon sommeil,
Elle vint me montrer son image chérie.
Ecoutez ! c'est demain votre fête, Eugénie,
    Et ma mère voulait,
    Pour vous, m'inspirer ce bouquet.

En septembre 1841, j'adressais ces vers à ma belle-sœur si pleine alors de santé. Hélas ! elle a suivi de près mon excellent frère dans la tombe, et une foule d'autres noms aimés ont aussi disparu, laissant derrière eux des vides cruels, et moi débile je suis demeuré, mais l'âme enveloppée souvent de mélancolie, me plaisant à épancher de temps en temps sur mes albums quelques pensées de pieux souvenirs.

. . . .

Mais voilà mes oiseaux qui se réveillent : le pinson, la linotte, le chardonneret, les mésanges répètent leurs chants, leurs murmures joyeux. Heureusement le pierrot se tient au haut des peupliers, car sa gaîté criarde nous empêcherait d'entendre la lutte charmante de la fauvette et du rossignol, ce ramage mélodieux qui s'échange en mille accents de tendresse, de langueur et d'amour.

Nous sommes au printemps ; tout s'ouvre à la vie, tout s'anime dans la nature. Mais écoutez notre inimitable Michelet :

« Des eaux, de la terre et du ciel, se précipitent des torrents, des milliards d'insectes! c'est une pluie, un tournoiement, un bourdonnement infernal, un monde famélique et sanguinaire qui s'attaque aux feuilles, aux fleurs, au bois, aux fruits, aux animaux, aux édifices ! c'est un océan, qui envahit avec une fécondité désespérante tout ce qui végète, tout ce qui existe.

« Pauvre homme, que feras-tu, malgré ta force et ton adresse? tu peux tuer, brûler, écraser par millions, mais tu laisses debout d'irrésistibles légions surgissant de toutes parts, s'échelonnant sans cesse et marchant sans déviation à la conquête de tes œuvres.

« Et tu détruis l'oiseau, ton allié le plus fidèle, l'oiseau qui, visitant chaque arbre, soulevant chaque feuille, fouillant dans les eaux, parcourant avec sa vue perçante et la rapidité de son aile les régions de l'air, dominant chaque pli de terrain, est l'universel sauveur créé par Dieu, pour maintenir cette harmonie sublime qui ne serait pas rompue en vain.

« Oh ! respect à l'oiseau, à son nid, à sa couvée, si nous ne voulons être dévorés par ces hordes de chenilles, de hannetons et mille autres peuplades de toutes sortes, dont la multiplication effrayante dépasse toutes les définitions de l'hyperbole, peuplades qui, dans l'espace de quelques jours, de quelques heures, déblaient des monceaux de cadavres, dépouillent une forêt, changent en poussière des amas de blé, et plongent les nations dans la disette, comme il arriva en Egypte, où les pharaons, malgré leur puissance, se courbèrent devant ces nuées de sauterelles poussées par le vent du désert »

Oh ! oui, respect à l'oiseau, et merci, Michelet, de tes pages éloquentes, tu as rendu un grand service à l'humanité !

L'homme compte de nombreux ennemis ; mais son ennemi le plus funeste, c'est lui-même. Sa destinée serait certainement de mourir de faim, si la Providence ne lui avait donné des alliés qui se livrent à une guerre incessante contre les insectes nuisibles. Citons une seule espèce de ces derniers, les papillons, dont la fécondité est telle que leur produit, en partant d'une femelle, pourrait aller à plus de trois cents millions de chenilles, la quatrième année. Si, aux papillons, on ajoute tant d'autres destructeurs des récoltes, on verra que toutes les productions de la terre seraient bientôt dévorées si l'homme se trouvait réduit à ses seules ressources.

Et il poursuit à outrance les oiseaux !

Et il écrase sottement le carabe doré, vulgairement la *jardinière*, nommée, par nos pères reconnaissants : la bête au bon Dieu !

Et il tue impitoyablement le crapaud qui ne vit que de vers, que d'insectes !

Et il cloue stupidement contre une porte, comme un trophée, la chouette qui détruit tant de reptiles, tant de souris ! etc., etc.

Détournons nos regards de cette manie sauvage de destruction ; essayons de nous en distraire en les reportant sur les fleurs.

— 25 —

La fleur, a dit Châteaubriand, c'est la fille du matin, la source du parfum, la grâce des vierges. Chez les anciens, elle embaumait la coupe du banquet et couronnait les cheveux du sage. Les fleurs semblent chargées par la nature de répandre sur la vie de l'homme un mélange de naïfs plaisirs et de suavité.

Et Montaigne : « On possède, écrit-il, un vrai « bonheur dans la culture des fleurs. Tâchez d'y « encourager vos enfants : les goûts dangereux ou « bêtes envahiront moins leurs jeunes imagina- « tions quand ils trouveront la place prise. »

Chez les fleurs, le beau s'épanouit dans toutes les gammes, depuis la mignonette des prés jusqu'aux splendeurs du cactus et de la rose. Partout la création les a prodigués. En Orient, on a même inventé leur langage au moyen de l'ingénieux Sélam, bouquet mystérieux où chaque fleur a sa signification : capucine, *discrétion ;* véronique, *fidélité;* aubépine, *doux espoir ;* violette, *modestie;* adonide, *douloureux souvenirs ;* etc., etc. Cependant, la science moderne me chiffonne par ces noms barbares, hétéroclites dont on affuble ces hôtes admirables de nos jardins. Un seul exemple : *Myosotis scorpionide* ou, en grec, *l'oreille de chauve-souris à physionomie de scorpion.* Comme c'est aimable ! comme cela qualifie bien cette jolie petite fleur bleue baptisée dans le midi de la France : *les yeux de la*

Vierge ; en Angleterre : *plus je vous vois, plus je vous aime ;* et, en Allemagne : *ne m'oubliez pas.*

O Flore, adorable déesse du printemps ! Flore vermeille et bien-aimée ! En entendant écorcher les oreilles par tous ces noms hybrides, éructants, amers, comme *pentandrie, monocotylédon, cinérocéphale, infundibuliforme,* etc., vraiment, si j'étais à votre place, je donnerais ma démission.

La conversation, les oiseaux et les fleurs m'ont un peu écarté de mon sujet ; reprenons l'itinéraire de mon jardin, et voyageons autour du tapis de gazon.

Voici, sur un piédestal, saint Bruno qui tient un livre ouvert. Sur la première page est gravé ce sublime commandement de Dieu : *Honores ton père et ta mère ;* et, sur la deuxième, cette maxime du bon prêtre : « *Je vous bénis, mon fils, si vous croyez ; je vous bénis encore, si vous ne croyez pas !*

A quelques pas, sur un autre piédestal, saint Donat, le chevalier romain, avec cette devise : *Loyauté.* Vous savez, sans doute, que les reliques de ce saint, envoyées de Rome, avaient été remises en grande pompe, en 1746, au couvent des Cordelières d'Auxonne, ce qui amena un nombreux concours d'étrangers attirés par le bruit des miracles du saint.

Voilà la colonne du cadran solaire ; lisons ce qu'elle porte sur son pourtour :

Une heure sonne ! elle est déjà passée.

❦

Il est toujours l'heure de faire le bien.

❦

Le temps brise, mutile, efface et réduit en poudre le marbre, le fer et le bronze.

En face du cadran solaire est Mlle *Fich-Thong-Khan*, beauté chinoise, séparée, hélas! de son mari, parce que, dans le code de l'empire chinois, le babil fatigant est marqué comme l'une des sept causes du divorce.

Déchiffrons cette inscription étrusque :

```
       I C
     I E S T
   L E C H E M
     I N D E
   S A N E S .
```

Et cette autre, tirée d'une histoire bretonne :

```
   L N O P I N E
   L I A E T L V
   L I A E T A I
   L I A E T M E
   L I E D C D
     A G K C
```

Nous sommes devant le puits du rocher, construction hasardée, assemblage de pierres biscornues, œuvre de bizarrerie et de patience, coupée de bancs de mousse et de bouquets de pervenches de toutes couleurs. Là est une nouvelle fontaine de Jouvence redonnant la jeunesse, la beauté, la fraîcheur. Croyez cela et buvez de l'eau.

Sourions en passant à cette joviale figure, à ce vétéran qui se béatifie dans le tabac et dont le plumet balance ces mots sarcastiques : « Il y en a qui « fument sans pipe. »

Les roses sont l'un des ornements de mon jardin. Voyez comme elles se marient aux tlaspis, aux boutons d'or, aux giroflées : c'est un rendez-vous enchanteur où la grâce le dispute à l'élégance. On admire surtout la floraison magnifique du géant des batailles, puis la coquette du Japon, qui se couvre en juin de centaines de roses, conservant pendant plus d'un mois tout leur éclat.

Je possède aussi une collection de plantes qui se moquent des rigueurs de l'hiver. Citons-en quelques-unes :

Feminarum gratiarum corona, plante très-recherchée. Sur ses feuilles sont empreintes : *modestia, amabilitas, dulcitudo, pudor, charitas,* etc.

Feminarum imperfectionorum fasciculus, plante aux feuilles tristes : *acrimonia, loquacitas, invidia, maledicentia, dissipatio,* etc.

Planta divina. Réussite assez difficile. Dans ses tiges on distingue ces mots : *Vrais amis, désirs modestes, religion éclairée, amour d'autrui, ménage heureux,* etc.

Puis les *Iris transparens, unica, mirabilis, acrea, diabolica,* etc. Mais laissons-en de côté beaucoup d'autres et reposons-nous un instant dans le fauteuil de la rêverie.

La rêverie, l'imagination. D'où vient-elle cette vagabonde que Montaigne appelait la folle du logis ? Elle surgit comme l'éclair et nous apporte les pensées les plus suaves et les extravagances les plus ridicules. Sœur de la fantaisie, elle se joue de notre pauvre nature et la fait pleurer, sourire, et se livrer à toutes sortes de frivolités et de chimères ; puis, tout-à-coup elle s'évanouit comme ces étoiles filantes qui se perdent dans la profondeur des cieux. Comment s'établit cette merveilleuse opération dans notre esprit ? Comment se forme cet immense magasin de matériaux, d'illusions à travers lesquels se promènent nos idées ? Tout-à l'heure, nous caressions les oiseaux et les fleurs ; or, la moindre perception sur l'un de nos sens nous jette subitement dans d'autres espaces. Tenez, j'entends, depuis mon fauteuil, l'excellente musique du 15ᵉ d'artillerie. Il y a revue, et l'on va chez le colonel chercher le drapeau ; le drapeau, emblème et prestige qui groupe la grande famille du régiment et la rend invincible ; le drapeau, gage d'honneur et de courage; qui, à l'étranger, représente la patrie absente; qui, en temps de guerre, se transforme pour le soldat en adoration : le drapeau qui, sous toutes les couleurs, a toujours vu sortir de ses plis le dévoûment et l'héroïsme.

Et ma tête travaille ! Je frémis devant ces terribles batailles des peuples anciens et modernes. Des cités magnifiques disparaissent : Thèbes aux cent portes; Babylone la superbe; Palmyre avec ses milliers de colonnes; Ninive, plus grande encore que Babylone ; Carthage et tant d'autres dont on a presque perdu les traces. Alexandre, César, Mahomet, Napoléon, remplissent l'univers de leur nom. C'est le bruit du canon, la victoire, le *Te Deum*, mais c'est aussi la souffrance et la mort ; c'est le triomphe avec ses enivrements, mais c'est aussi le besoin de la paix, la paix si désirée, car elle est la protectrice des arts et du commerce : la paix, l'amie des jardins, où nos vieux guerriers sont heureux de se réfugier pour s'y délasser de la gloire.

Notre siècle a été témoin de grandes choses. Après les hauts faits du premier empire, c'est l'Algérie conquise, et qui déjà donne la main au Sénégal à travers le désert; après la rude guerre de Crimée, c'est la brillante campagne d'Italie ; c'est la Chine ouverte, avec ses trois cents millions d'habitants ; en Syrie, en Cochinchine, au Mexique, quelques poignées de nos braves soldats imposant la médiation puissante de la France ; c'est l'or de la Californie et de l'Australie ; c'est l'esclavage aux abois et la liberté qui remue tous les peuples et tend à répandre ses bienfaits ; c'est l'entreprise gigantesque du canal de Suez ; c'est la vapeur révolutionnant le monde, puis le télégraphe qui, en quelques minutes, nous apporte des nouvelles de toutes les capitales ; c'est tout récemment, entre deux navires américains, une lutte inouïe, vertigineuse, qui vient de renverser toutes les idées, tous les calculs, toutes les prévisions nautiques. Epoque de grandeur, de découvertes et de science, mais hélas ! aussi époque d'un luxe effréné qui n'engendre que trop l'égoïsme ; époque, où l'on ne parle que de millions, sans que l'on se pose guère cette simple question : « Où est donc le bonheur ? »

Voyez, comme l'imagination nous entraîne, comme elle marche par saccades ! C'est une danse épileptique, un charivari incroyable ; c'est le paradis et l'enfer : un flux et un reflux étourdissant qui bouleverse tous les casiers de notre cerveau.

Fuyons la gloire qui quelquefois coûte si cher, et rassérénons nos esprits en nous promenant dans ma large allée des fruits, bordée de poiriers et de pommiers. Vers le milieu est cachée la chaise de curiosité. De là, si le démon vous tente, vous pourrez apprendre mille choses amusantes : nos jardinières, en revenant de la ville, en débitent de toutes sortes.

Gagnons le banc de la jeunesse. Il est abrité par un vigoureux *acacia inermis*, dans les branches duquel le pinson vient répéter sa chanson. Les enfants aussi se plaisent au-dessous dans leurs gais ébats. Heureux enfants, jouissez longtemps de vos innocents plaisirs, c'est autant de pris sur les jours qui luiront plus tard !

Une réflexion toutefois : Aujourd'hui il n'y a plus d'enfants. On est étonnant à 5 ans, poète à 12, journaliste à 14, homme de lettres à 16, homme politique à 18. Ça marche à la vapeur.

Nous sommes devant le jeu du tonneau; la planche qui le recouvre porte ces mots : Le bonheur n'est autre chose que le secret de ne pas s'ennuyer. C'est une des réponses que l'on peut faire à cette question : « où est donc le bonheur? »

> Qu'est-ce que le bonheur?
> L'un dit : c'est la sagesse,
> L'amitié, la grandeur ;
> L'autre : c'est la richesse ;
> Celui-ci : c'est l'amour
> Et toutes ses folies ;
> C'est du soir d'un beau jour
> Les douces rêveries ;
> Celui-là : c'est le bal

Aux valses enivrantes,
Ou : c'est du carnaval
Les danses délirantes;
C'est une bonne action,
La guerre, la victoire ;
C'est la religion,
C'est le repos, la gloire ;
C'est la célébrité,
C'est la coquetterie,
C'est le jeu, la beauté :
Mais cette litanie
Ne finirait jamais
Pour moi...

Inutile de vous achever ma conclusion : chacun traite en effet cette question à sa manière. Ce qu'il y a de certain, c'est qu'il n'existe pas de bonheur parfait. Aussi, un des philosophes de l'antiquité a dit : « La félicité des hommes dans le monde est composée de tant de pièces, qu'il y en a toujours quelqu'une qui manque. » Un autre écrivait : « La vie est une laitue amère qui a besoin d'être assaisonnée avec l'huile d'olive des plaisirs et le vinaigre de la folie. » Un troisième, le plus sage : « Le plus heureux n'est pas celui qui possède le plus, mais celui qui ne désire pas plus qu'il ne possède. »

Nous avons terminé le tour de mon jardin. Vous avez dû voir que l'architecte a voulu faire aimer son œuvre. Au milieu des arbres fruitiers, à côté des violettes et des myosotis parmi les buissons de groseillers, de seringats et de lilas, il a cherché à semer les distractions, les surprises, pour intéresser, pour amuser les visiteurs. C'est un fouillis où il y a un peu de tout : soleil et ombre, agrément et produit, bons conseils et malices ; enfin, mélange de miel et de poivre, amertume et douceur, et représentant légèrement le tohu-bohu de bien et de mal qui existe dans notre monde, lequel, suivant que le proclame le docteur Pangloss, si bien caractérisé par Voltaire, est le meilleur monde possible, à supposer pourtant qu'on ne découvre pas plus tard quelque chose de mieux dans la quantité des autres globes. C'est ce que je vous serai obligé de m'apprendre, ami lecteur, quand vous aurez opéré quelque excursion chez nos voisins planétaires : la Lune, Mercure, Vénus, Mars, Jupiter, etc., ce qui ne me surprendrait point au temps extraordinaire où nous vivons.

Dans ma description rapide il y a des omissions ; mais c'est assez causé sur ce sujet modeste.

Ah! n'oublions pas que sur le dos de mes chaises on a peint ces indications : amabilité, câlinerie, chatterie, coquetterie, amour de la crinoline, demangeaison de langue, tendresse de cœur, etc. Prenez garde! mesdames, en vous asseyant de choisir un siége qui pourrait faire douter de vos qualités.

Et voilà mon jardin :

Rien n'est si gai que mon jardin !
Aussi, j'y vais soir et matin,
Etant à deux pas de la ville.
Oh ! combien j'y suis donc tranquille !
Là, chaque fleur est une amie
Qui sourit gracieusement,
Coquette, sans hypocrisie,
Elle demande seulement
De l'eau pour être plus jolie.
Chaque arbre est un ami qui, pour moi, se couronne
De tous les présents de Pomone,
Et j'ai dans mon bosquet cent arbustes nouveaux,
Où nichent mille oiseaux.
Aussi quand le zéphir vient caresser la terre,
Quand le printemps arrive et que la primevère
Varie à l'infini ses riantes couleurs,
C'est de tous les côtés des concerts enchanteurs.
Sur les bords du fossé, la douce bergerette ;
Au haut de l'acacia, la gentille fauvette,
Puis le chardonneret
Avec son bec d'ivoire et son joli corset ;
La craintive linotte et toute sa famille
Jusqu'au-dessus de ma charmille ;
Et plus loin le pinson,
Au milieu du verger, répétant sa chanson ;
La mésange légère et l'aimable hirondelle
A sa demeure si fidèle ;
Tous gazouillant, chantant en bécarre, en bémol !...
Puis cent autres encore !... Enfin le rossignol
A la voix éclatante,
Qui nous ravit, qui nous enchante,
Quand le soir des beaux jours,
Musicien charmant, il chante ses amours.

En écoutant ces chants et ce joyeux ramage,
Souvent je me surprends rêvant dans le bocage
A cet ordre parfait, à cette infinité
D'êtres si différents, à cette immensité
D'où s'échappe la foudre, où roulent les planètes,
Et les feux menaçants des rapides comètes,
Où mondes et soleils, mers, volcans, végétaux,
Naissant, disparaissant sous des mondes nouveaux,
D'un ouvrage sublime, étalant la richesse,
D'un Créateur divin, annoncent la sagesse !

   Hélas ! pourquoi chez les mortels
   Qui, semblables à l'éphémère,
   Ne font que passer sur la terre,
   Dans le cœur est-il tant de fiel ?
   Pourquoi tant de haine et d'envie
   Venant empoisonner la vie ?
   Pourquoi donc tant d'ambition ?...
   Puis, je pense à Napoléon ;
Car, dans ce beau dalhia, voilà bien son image !
   Magnifique par son feuillage
   Et la richesse de ses fleurs,
   Eblouissant par ses couleurs
   Il domine dans mon parterre
Comme jadis, dominait sur la terre,
   Celui dont l'imposante voix
   Faisait trembler les rois.

   Assis devant mon ermitage
Je vois tout près, au troisième étage,
La chambre qu'occupait le modeste aspirant.
Alors, il était loin d'être un fier conquérant !
C'est là que Bonaparte a passé sa jeunesse ;

C'est là qu'étudiait celui dont la sagesse
Plus tard nous a dotés de codes immortels !
Mais combien sont cachés les décrets éternels !
L'homme que couronna tant de fois la victoire,
Qui créa tant de rois, qui fatigua la gloire,
Est mort loin de la France et au milieu des mers,
Presque seul !.. Et d'un signe, il remuait l'univers !

Oh ! que l'âme est émue à de telles pensées !
   Enviez donc les destinées
   Du pouvoir et de la grandeur !
   Non, ce n'est point là le bonheur !
   Heureux d'admirer la nature,
   De pouvoir faire un peu de bien,
   Ma jouissance est simple et pure,
   Les honneurs ne me sont plus rien.
 Loin des soucis, j'aime vivre à ma guise,
A de doux sentiments laissant aller mon cœur,
   Et j'ai gravé cette double devise
   Dans mon jardin, au milieu de mes fleurs :

  « Quelques amis, un peu d'aisance ;
  « Douce gaîté, sage dépense. »

  « Le bonheur, qu'ici-bas j'envie,
  « C'est une obole au-dessus du besoin ;
  « C'est de pouvoir éparpiller ma vie,
  « Sans nulle gêne, en un tout petit coin »

Mai 1862.

Auxonne, Typ. Deleuze.

www.ingramcontent.com/pod-product-compliance
Lightning Source LLC
LaVergne TN
LVHW021700080426
835510LV00011B/1510